Amani Mupenda Mubigalo

Un ange au pays ancestral Lega

Amani Mupenda Mubigalo

Un ange au pays ancestral Lega

Don Alberto Dioli, un Prêtre selon le cœur du Vatican II

Éditions Croix du Salut

Imprint
Any brand names and product names mentioned in this book are subject to trademark, brand or patent protection and are trademarks or registered trademarks of their respective holders. The use of brand names, product names, common names, trade names, product descriptions etc. even without a particular marking in this work is in no way to be construed to mean that such names may be regarded as unrestricted in respect of trademark and brand protection legislation and could thus be used by anyone.

Cover image: www.ingimage.com

Publisher:
Éditions Croix du Salut
is a trademark of
Dodo Books Indian Ocean Ltd. and OmniScriptum S.R.L publishing group

120 High Road, East Finchley, London, N2 9ED, United Kingdom
Str. Armeneasca 28/1, office 1, Chisinau MD-2012, Republic of Moldova, Europe
Printed at: see last page
ISBN: 978-620-6-16791-4

AMANI MUPENDA MUBIGALO

Un ange au pays ancestral Lega

Don Alberto Dioli, un Prêtre selon le cœur du Vatican II

AMANI MUPENDA MUBIGALO

Un ange au pays ancestral Lega

Don Alberto Dioli, un Prêtre selon le cœur du Vatican II

« Chez nous, ce qui est écrit s'accomplie : l'aveugle voit, le boiteux marches, un point trait »

La conclusion de l'Abbé Alberto Dioli

Dédicace

A tout le groupe de Carlo Zagati de l'organisation des « Amis de Kamituga » dont flambe l'Amour vrai et sans hypocrisie envers des personnes en difficultés énormes dans le pays ancestral Lega.

A tous les Ferrariens pour l'appui au développement de la Paroisse Saint-François Xavier de Tangila

Préface

Faute des difficultés de comment faire passer mes sollicitations aux regards sérieux sur la vie sacerdotale bienheureuse de l'Abbé Alberto Dioli, c'est par la grâce que je suis tombé à certain des messages du Pape François sur les personnes vivant avec un handicape[1] dans lesquels j'ai découvert une véritable mine. Je dirais une sagesse au-delà de sa réputation laquelle par risque, je me suis donné courage de reprendre certains comme éléments influents de préface de cet ouvrage.

Pour le Saint-Père : *«il ne suffit pas de défendre les droits des personnes, il faut également s'efforcer de répondre à leurs besoins existentiels, dans leurs différentes dimensions: corporelle, psychique, sociale et spirituelle»*. Mais également, accueillir les personnes handicapées et répondre à leurs besoins est un devoir de la communauté civile et ecclésiale, car la personne humaine, *«même blessée dans son esprit ou dans ses capacités sensorielles et intellectuelles, est un sujet pleinement humain, avec les droits sacrés et inaliénables propres à toute créature humaine»*.

[1] À l'occasion de la Journée internationale des personnes handicapées célébrée le 3 décembre de chaque année à travers le monde depuis 1992, la Journée internationale des personnes handicapées vise à promouvoir les droits et le bien-être des personnes handicapées le Pape François a accueilli ce samedi 3 décembre au Vatican un groupe de personnes vivant avec un handicap.

Un regard d’amour du Seigneur pour les exclus et/ou un *«regard de tendresse et de miséricorde surtout pour ceux qui étaient exclus de l'attention des puissants et même des autorités religieuses de son temps»,* tel un signe d’amour du Seigneur pour les personnes qu'il rencontrait. Par conséquent, souligne le Pape, *«chaque fois que la communauté chrétienne transforme l'indifférence en proximité et l'exclusion en appartenance, elle remplit sa mission prophétique».*

Répondre plus aux besoins des handicapés, cela suppose de fournir davantage d’efforts pour répondre à leurs besoins existentiels, dans leurs différentes dimensions: corporelle, psychique, sociale et spirituelle. C’est pour cela que le Pape François suggère *«Chaque homme et chaque femme, quelle que soit sa condition, est porteur non seulement de droits qui doivent être reconnus et garantis»*, déclare-t-il, *«mais aussi de besoins encore plus profonds, comme le besoin d'appartenance, de relation et de culture de la vie spirituelle, jusqu'à en expérimenter la plénitude et à bénir le Seigneur pour ce don unique et merveilleux».*

Mettre les handicapés au centre, conscients que le futur de l’humanité est dans le partage et dans l’amitié, spécialement envers les plus démunis, c’est la «meilleure réponse à donner à notre société» qui marginalise les handicapés, c'est «l'arme de l'amour», non pas «mièvre» mais authentique, concrète et respectueuse, a déclaré le pape François[2]. Mettre au centre les handicapés, particulièrement les plus pauvres, a estimé le pontife, est une «voie privilégiée pour l'Evangélisation». De cette façon, le mouvement apostolique contribue à faire «croître une Eglise pauvre pour les pauvres».

En effet, dans la mesure où «nous sommes accueillis et aimés», inclus dans la communauté et accompagnés pour regarder l'avenir avec confiance, «le véritable chemin de la vie se développe et l'expérience d'un bonheur durable est vécue», a affirmé le successeur de Saint Pierre.

Cela étant, nous devons apprécier la manière dont l'Abbé Alberto Dioli à pu exploiter le paradigme biblique sur l'accomplissement de la promesse divine par l'affirmation: *« l'aveugle voit, le boiteux marches »* pour ainsi écrire l'histoire de notre foi en Jésus-Christ.

Par cette même occasion, nous profitons pour remercier et féliciter le passé de la Congrégation des Fidei Donum dans le pays ancestral Lega et les

---

[2] Il s'exprimait devant les membres du mouvement apostolique des aveugles à l'occasion de ses 90 ans, au cours d'une audience au Palais apostolique, le 17 novembre 2018.

principaux acteurs d'appui à leur développement (Consacrés et laïcs) qui les accompagnaient de loin comme de près à ce temps là de la crise des missionnaires dans ce coin dudit Diocèse d'Uvira.

Même si certains disent que la reconnaissance ne pas de ce monde, mais face à l'explosion des œuvres d'amour sincère loin d'hypocrisie ni de complexe ni d'intérêt, cela tient la couleur d'exception pour mériter les applaudissements intérieurs profonds. C'est la raison pour laquelle l'œuvre d'évangélisation accomplie pendant 75 ans dans la Paroisse Saint François Xavier de Kamituga tenant concours de plusieurs personnes dont l'Abbé Alberto Dioli et sa confrérie Fidei Donum font partie prenante, mérite notre reconnaissance et notre applaudissement pour l'encouragement et l'affermissement de la foi à cheminer dans l'espérance.

Que le Seigneur qui a voulu que la puissance de l'Evangile travaille le monde à la manière d'un ferment, qu'il veuille sur tous ceux qui ont à répondre à leur vocation chrétienne au milieu des occupations de ce monde, qu'ils cherchent toujours l'Esprit du Christ, pour qu'en accomplissant leurs tâchent d'hommes, ils travaillent d'avance à la consolidation de la Foi Catholique actuellement critiquée pour le statistique alarmant des abus commis par le clergé et qu'ils travaillent en suite à l'avènement du Royaume de Dieu.

Amani Mupenda Mubigalo, l'auteur.

Avant-propos

Il serait ingrat de la part du Peuple Lega de ne pas reconnaître les œuvres caritatives d'un Abbé missionnaire qui a pu quitter sa région italienne pour venir sauver les vies humaines et spirituelles des personnes dites indésirables dans un pays ancestral Lega à l'Est de la République Démocratique du Congo.

La totalité des personnes vivant avec handicape dans cette partie de la région du Diocèse d'Uvira n'avait pas droit ni au travail ni au mariage parce que tout simplement infirme, improductive et marginalisée dans l'Eglise comme dans la société: les uns bloqués dans des maisons, faibles sans rien faire, les autres deviennent quémandeurs éternels, analphabètes laissés pour leurs comptes, etc.

Qu'il me soit permis de faire une comparaison de celui qui au temps de Jésus à Jéricho avait demandé une aide matérielle auprès de ce dernier : *« Maître, fais que je voie de nouveau »,* mais miraculeusement il réussit le double de sa demande. Il fut guérit de son handicape visuel et désormais, il ne pouvait plus vivre sur les rues au dépend des autres, mais plutôt, il était devenu indépendant, travailleur, productif et désormais intégré dans la société qui lui avait vomi, il s'appelait

"Bartimée" le fils Timée[3]. Il en est textuellement des œuvres de l'Abbé Alberto Dioli sur la succession des générations des personnes vivant avec handicape dans le pays ancestral lega dont certains ont pu libérer de leur cœur leur souvenir inoubliable à l'ange en minuscule qui grâce à lui non seulement ils ont été guéri, mais aussi ils ont recouvert leur dignité humaine.

Plus de deux handicapés soignés sur trois, sont devenus mariés légalement, employés et entrepreneurs. D'autres ont étudiés et sont devenus des cadres universitaires, alors utiles à la société et au pays, plus d'autres ont recouvert les responsabilités dans leurs Églises locales parce que dignitaires.

Le bilan d'un tel homme de Dieu sur la terre peut facilement faire tomber dans une erreur humaine de comparaison avec l'ange Raphaël envoyé par Dieu pour la guérison de Tobit fils de Tobiel et petit-fils d'Ananiel, lui-même fils d'Adouël et petit-fils de Gabaël, tous du clan d'Asiel, de la tribu de Neftali[4] . Un Abbé italien ferrarais dans une Église jeune et florissante en Afrique non seulement avec ses priorités et ses défis, mais aussi, une Eglise en transition vers la 2e phase de son évangélisation, sinon qu'elle y est déjà. On constate qu'après la phase de la première

[3] Marc, 10 : 46-52
[4] Tobit, 1 : 1-2

évangélisation, cette Église a enregistré de nombreuses conversions au christianisme en renoncement aux Religions Traditionnelles Africaines (RTA). L'Abbé Alberto Dioli rencontre la Paroisse de Tangila en pleine floraison, elle est en train de se construire et fait partie des Églises locales qui font rêver. Elle la trouve donc porteuse d'avenir pour l'Église universelle. On y voit des chrétiens très enthousiastes et leur nombre ne cesse de s'accroître : les sacrements sont célébrés régulièrement, le nombre des catéchumènes ne fait que croître, les Communautés des Bases (Diaconies) et les Communautés Ecclésiastiques vivantes (Shirika) sont pleines animées et gérées par des « Waongozi » que lui-même surnommait « des mini-curés » qu'on dédie ces genres d'inventions.

Toutefois, malgré les nombreux atouts de sa jeunesse, cette dernière a des priorités et doit faire face à de nombreux défis tels que la réparation de la personne handicapée quelque soit physique ou mental qui constitue une classe des marginalisées.

Comme tout humain, le présent ouvrage fait abstraction des pannes qu'à connu l'Abbé Alberto Dioli. Par contre, il reprend seulement les témoignages et les éloges pour des raisons de renforcement de Foi Catholique surtout à un nombre moins négligeable qui vivent déjà dans les doutes que Jésus ne plus présent dans la foi catholique. Si la vie des plusieurs prêtres gaffeurs et gauches peuvent salir l'image de Jésus dans la foi catholique, alors c'est aussi possible que la vie de certains prêtres qui se sont confié à Jésus à travers leurs œuvres peut servir de confirmation que Jésus n'a pas encore déserté ladite foi. Les prêtres égarés ne sont qu'une goutte d'eau noire dans un océan blanc impossible de dominer la couleur naturelle rencontrée dans ce dernier.

La sauvegarde de la foi catholique serait alors fonction de consommation des témoignages des vies des prêtres qui ont réussi dans leurs sacerdoces. Même-si, la réussite ne conclue pas automatiquement qu'on n'a pas péché ou failli, mais elle peut être fonction d'un regard positif purement humain fait par son entourage parce que s'agissant de l'interférence de l'interprétation, facilement on peu exclamer qu'à Dieu ce qui revient à Dieu et aux humains ce qui revient aux humains.

Se référant aux interventions de Pape François en Hongrie un certain week-end, dans lesquelles il a pu développer la notion de racines et de ponts, et encore plus lors de son audience générale un mercredi, il l'a répété en se référant aux racines : « Réfléchissons donc à l'importance de préserver les racines, car ce n'est qu'en allant en profondeur que les branches pousseront vers le haut et porteront des fruits. » Et un peu plus tard, parlant des ponts, il rappelait : *« Il y a aussi des ponts que l'Église (...) est appelée à jeter vers les gens d'aujourd'hui. »* Ce pont n'est autre que la préservation de la foi catholique acquise des Apôtres.

C'est un peu aussi mes travaux d'études que ma collection *« Sur les traces des hommes de Dieu dans le pays ancestral Lega »* axée sur les preuves justificatives de la persistance de Jésus dans la foi Catholique s'efforce de réaliser depuis un certain temps maintenant, rappeler nos racines chrétiennes et renforcer les ponts entre l'Église Romaine et nous.

Au-delà des aspects humains qui vous assurent quotidiennement l'information négative sur le clergé, il y a aussi toute une partie plus pratique et spirituelle qui nous assure également la présence de Jésus dans la foi catholique à travers une poignée qui répond à l'appel clérical. Aujourd'hui, toutes les voies et moyens sont mises à la disposition des contemporains pour permettre de retrouver toute l'information, que ce soit par les bulletins, les journaux, les vidéos, les sites d'internet ou les réseaux sociaux... Mais, cette nourriture facilement mangeable mis à notre disposition nécessite une dose suffisante de discernement pour tout consommateur.

Nous avons besoin de votre discernement pour cette partie turbulente que traverse l'Eglise universelle en ce vingtième un énième siècle, mais tellement importante pour son bon fonctionnement. Notre foi doit être renforcée dans un esprit rénové, mais cela ne pourra pas se faire sans votre apport.

Nous avons besoin de votre aide pour maintenir le cap de cette mission de protection de foi acquise des Apôtres au service de l'humanité ! Merci de tout cœur pour votre aide ! Cette aide s'appelle la conservation jalouse de notre foi catholique au milieu de tribulation.

Et en ce moment critique de l'histoire que traverse l'Eglise universelle en général et sa classe cléricale en particulier, nous nous confions tout particulièrement à la Vierge Marie, notre douce Mère du ciel. Vos prières montent vers elle pour qu'elle continue à nous protéger et nous guider. Très belle dévotion de Marie à notre Mère et notre rempart.

Je confirme que votre miséricordieux et votre don à plus des milliers d'enfants victimes des guerres d'agression qui se vit dans l'Est de la République Démocratique passe par l'achat du présent livre et/ou des livres issus de mes travaux d'études *« Sur les traces des hommes de Dieu dans le pays ancestral lega »* dont certains sont déjà parus aux mêmes Éditions *« La croix du salut »* tels que : « *L'âme vivante »* de Don Mario Rica, *« La lampe allumée »* de P. Simone Vavassori, *« Vivre pour une cause »* de P. Giorgio Lanaro, toutes mes efforts sont soutenu par le maxime : *« La plus belle femme du monde ne donne que c'est qu'elle a ».* A la mafia qui s'intéresse à des bénéfices de mes livres de ne pas atteindre mes objectifs, que Jésus l'ami des enfants et Dieu le Père des orphelins s'intéresse d'elle. Je vous exprime toute ma gratitude pour votre soutien à ma mission.

Selon mes convictions, ce dont l'Église universelle a besoin aujourd'hui, c'est pouvoir renforcer l'image de Jésus dans la foi des fidèles pour sortir du schéma habituel qui falsifie l'image de l'Eglise traditionnelle acquise des Apôtres.

Introduction

Le virus de victimisation d'une part qui pousse les chrétiens à accuser l'autre comme étant responsable de sa souffrance, de sa perte de foi, ne peut provenir que de la confusion spirituelle. L'incompréhension du mot chrétien.

Pour gagner et sauver les âmes, des efforts doivent être davantage consentis en matière des actions concrètes d'amour sans hypocrisie pour faire comprendre aux populations païennes ou athées que le Christianisme n'est pas la culture occidentale ou romaine qui nous est imposée, mais plutôt l'expression de l'Amour de Dieu pour les hommes manifesté dans l'incarnation de son Fils unique Jésus-Christ, avec pour finalité de nous conduire, au terme de notre vie terrestre, à la Vie éternelle.

Par contre, la vie sacerdotale de l'Abbé Alberto Dioli diverge de celui des réalités de nombre d'abus du clergé de l'Eglise décrié par-ci par-là lorsqu'elle associe les orientations qui surgissent dans l'Eglise universelle (Homosexualité, pédophilie, avarice, cupidité, égoïsme…), imputées du contexte d'évolution socioculturel d'un continent à un autre.

L'Eglise est la maison mystique du Christ qui l'a institué à travers ses Apôtres. Notre Seigneur, les Apôtres et la suite des disciples avaient tout abandonné après leur rencontre avec le Christ pour Le suivre dont nos Évêques et nos Prêtres sont leurs successeurs, pouvant justifier aujourd'hui cette image traditionnelle de l'Eglise du Christ.

Que l'homme, pour satisfaire ses instincts et désirs, ne vienne pas changer la vérité évangélique. Ces exigences évangéliques sont réalisables si nous faisons recours à celui qui en est l'émanation, car hors de Lui nous ne pouvons rien faire.

Jésus ne s'impose pas, Il se propose. Si véritablement on a reçu le don de la vocation, on a tenu en ce moment de rester fidèle à sa Parole. Et si également on fait le choix de suivre Jésus sur la croix, on est appeler à protéger jalousement sa Foi Catholique reçu des Apôtres aux mépris des abus décriés à la une dans l'Eglise universelle du présent siècle. On peut toute fois se consoler à suivre certains exemples des vies et de foi de ceux qui nous ont démontré leur ferveur chrétien à l'instar de Don Alberto Dioli que nous témoignons dans ce livre. Ce dernier, nous donne un enseignement à travers ses œuvres, sa façon de penser et sa manière d'identifié Le Jésus sur la Croix en la personne vivant avec handicape.

Don Alberto Dioli a donc la grâce de saisir cette opportunité pour montrer aux autres qu'il est possible de vivre les exigences évangéliques, en relation totale avec notre Seigneur et Sauveur Jésus-Christ, car Il n'en lève rien, mais Il donne tout (Benoît XVI) et même si vous prêchez bien et/ou vous évangélisez bien, même si vous êtes prêt à mourir, même si vous offrez beaucoup d'argent aux gens, c'est nul sans l'Amour. Le vrai amour ne jalouse pas, le vrai amour tolère, le vrai amour pardonne, le Vrai Amour ne se rappelle pas des défauts des autres ».

Cependant, la structure du présent livre après une préface et avant-propos qui ensemble reprennent des exhortations de Saint-Père et d'autres passages bibliques qui se rapprochent à la consécration de Don Alberto Dioli de manière raffermissant de Foi Catholique. Et l'œuvre caritative réalisée par ce Monsieur l'Abbé de la Congrégation Fidei Donum dans le Pays ancestral Lega tout au long de sa vie sacerdotale comme Curé dans la Paroisse Saint François-Xavier de Kamituga contient les témoignages des plusieurs laïcs tout court, certains passages des personnes consacrées ramassées dans quelques publications de l'église, et certains témoignages éloquents peut être jamais repris dans des publications antérieures sur Dioli.

Ce livre ainsi sectionné en trois parties dont la première fait une révélation des traces bibliques par rapport à l'œuvre de Dioli.

La deuxième présente Dioli comme un Prêtre selon le cœur du Vatican II. de par sa compréhension facile que *«l'Église est la maison de tous, le cœur du chrétien est la maison de tous, sans exclusion»* comme dit le Saint-Père François.

La troisième conclue par la fin de la vie de Don Alberto Dioli. N'est-ce pas un enseignement pour l'église ?

Mes remerciements anticipés à tous les lecteurs de mon manuscrit, spécialement à mon oncle Boniface Walukumbu, promoteur de l'école primaire et secondaire « Saint Joseph » à Bukavu-Irambo dont l'enseignement des enfants les plus pauvres est aussi sa passion.

A mon amie Sœur Delia, actuelle Coordonatrice des Ecoles Conventionnées Catholiques dans le Diocèse d'Uvira qui a fait grandir en moi la passion des arts depuis mon jeune âge.

A tous et à toutes qui a pu participer de loin comme de près à la construction de cette œuvre si importante.

Sur les traces prophétiques bibliques

Face à ces moments de guerres et autres crises que traverse le monde, le Pape affirme pour conclure: «votre témoignage est un signe concret de paix, un signe d'espoir pour un monde plus humain et plus fraternel, pour tous. Allez de l'avant sur ce chemin!».

Les priorités et les défis

La classe des personnes vivant avec handicape de Diocèse d'Uvira en général et du pays ancestral Lega en particulier avait vraiment besoin de sortir du cycle de la victimisation. A cela s'ajouterai qu'elle avait besoin de saisir sa mission comme membres à part entière du corps du Christ et de la société. Cependant, il se peut qu'à ce temps là elles souffraient énormément d'une grande confusion, qui s'apparenterait à la victimisation. Il y a lieu de dire d'une grande confusion tant spirituelle que morale qui nécessitait une grande prise de conscience pour s'aligner dans la valeur humaine. Pour certains, cette confusion tantôt spirituelle tantôt morale s'est accentuée avec le courant de marginalisation des personnes vivant avec handicape dans les familles, la société et dans l'Eglise maison supposée de tous les hommes et femmes crées à l'image de Dieu, puisque certains veulent sortir de la misère matérielle, spirituelle, etc. ce qui est compréhensible ; alors que les bénédictions de Dieu telle que révélées, sont réelles, et présentes.

Le charisme de Dioli serait de bien comprendre la prière des handicapés et s'y investir. Donc, Dioli avait besoin de travailler la qualité et non la quantité par rapports à l'amour de Dieu, du prochain, de soi-même y compris de ses a adversaires.

Don Dioli voyait l'église toujours physiquement remplie le jour dominicale, reste à savoir si la vase spirituelle l'est tout autant que les foules.

Lors de sa visite dans les quartiers et villages, Dioli a parlé de la marginalisation des personnes vivant avec handicape des contrées.

L'Église au pays ancestral Lega a du potentiel, a-t-il constaté l'Abbé Alberto Dioli depuis le début de son sacerdoce dans cette partie de la région du Diocèse d'Uvira.

Mais il avait vu en ce potentiel le besoin de mieux se structurer pour s'organiser à installer des structures efficaces de réhabilitation physique et mentale, travailler pour l'enracinement de la foi authentique et la participation de tous les fidèles à la vie des Églises sans exclusion aucune, prendre au sérieux la question de l'autonomisation financière de chaque Église locale ou de l'auto-prise en charge matérielle et financière ainsi que la gestion des ressources humaines. Il s'agit pour les Églises d'Afrique de passer le cap des Églises implantées pour devenir des Églises pleinement constituées (cf. Can. 786 du CIC/83). Les initiatives ne manquent pas à ce niveau, le concept de l'Églisefamille de Dieu, la constitution et l'animation des Communautés Ecclésiales de Base (CEB), le renforcement et l'assainissement de la gestion de la Paroisse de Tangila à travers des Programmes d'action concertés comme le Plan Stratégique d'Action Pastoral (PSAP) au pays ancestral Lega, etc.

Ainsi, ce dont l'Église en Afrique a besoin aujourd'hui, c'est pouvoir sortir du schéma habituel de victimisation en s'imposant par son travail et en communiquant sa foi aux autres conclus Julienne Sédami Amadjikpe, religieuse de l'Institut des Sœurs de Saint Augustin du bénin et secrétaire à la Conférence épiscopale du Bénin, chargée du secrétariat permanent de mise en œuvre l'Accord Cadre entre le Saint Siège et la République du Bénin. Il s'agira pour les pasteurs et les fidèles de mieux vivre les exigences de la foi chrétienne à travers une authentique vie chrétienne et d'accueil du verbe, la Parole de Dieu faite chair : Jésus le Christ.

Nonobstant, dans cette dynamique, agents pastoraux et fidèles laïcs doivent témoigner de leur foi en cultivant l'amour du Christ et l'amour de l'Église pour la cohésion, l'harmonie et l'unité au sein des Communautés ecclésiales, des Communautés religieuses, dans les familles et au sein des sociétés. À tout cela, il convient d'ajouter le défi à double regard. C'est ce qui renvoie la vie chrétienne authentique à l'assistance des personnes les plus faibles de l'entourage.

Eglise pauvre pour les pauvres

La sensibilité aiguë pour les plus pauvres, notamment pour les handicapés a pu transformer autrement le ministère de l'Abbé Alberto Dioli à une œuvre évangélique et messianique au point qu'il n'était pas rare de dire :

> *« Chez nous ce qui est écrit s'accomplit. Car, l'aveugle voit, le boiteux marche ».*

Le témoignage de Monsieur Lungele Innocent dit Igambi est réellement éloquent au point de faire couler les larmes :

> *« Comme tous les autres enfants handicapés récupérés, l'Abbé Alberto Dioli, m'avait aussi rencontré fusionné sur le sol avant de me récupérer. Interné dans le Centre, j'avais bénéficié des soins appropriés et de la prise en charge scolaire depuis le niveau primaire jusqu'au niveau secondaire.*

Atteint l'âge de maturité, Dioli m'a pu amener à Goma pour une formation de 6 ans d'Appareillage orthopédique de 1982 à 1986.

De retour, il me confia la dote et je m'étais marié légalement comme toute personne respectueuse dans la société. Maintenant, je suis père de 7 enfants.

Dioli pour moi en personne est un ange qui est venu me remettre à la vie. J'insiste, Dioli n'était pas une personne, mais un ange.

Loin de Centre pour handicapé crée en 1969 pour la récupération des enfants vivant avec handicape, il eu également pitié d'une autre classe, celle des handicapés déjà adultes qui ne méritaient plus l'encadrement dans le Centre avec des enfants. Ces derniers étaient récupérés et encadrés dans un autre Centre qu'il surnomma « Centre Uwezo ». Nombreux d'handicapés femmes et hommes adultes ont bénéficiés de cette œuvre et ont pu réussi à sauver leur vie. Jusqu'à nos jours certains y travail encore pour la garantie de panier ménager parce que la majorité déjà est père ou mère de la famille.

L'abbé prudence

Dans les opérations ophtalmologiques comme dans les prothèses des malades de la poliomyélite, Don Dioli voyait une œuvre évangélique, messianique. Avec courage, esprit franc et sincère faisait de Dioli un ange humain comme Azarias dans le livre de Tobie : un homme à double visage, franc à l'écrit et prudent à l'oral, Prêtre à l'autel et très allergique aux difficultés des pauvres, un être humain avec l'envie, mais souple à vider sa poche pour les pauvres et d'investir son temps dans la diplomatie ecclésiastique profit des plus faibles.

Nul n'ignore que Don Dioli fut un homme aux idées claires, déterminé à les mettre en œuvre, avec ou sans l'assentiment de ses collaborateurs. Et donc, étranger à toute forme d'agression, réaction décomposée ; sincère et loyal sans faux-fuyants ni simulations, mais aussi capable d'écoute et de compréhension, il a voulu corriger sans humilier. C'est sa « prudence ». Véritable « vertu du fort » comme le témoigne son acte posé un jour dans son Centre pour handicapé à l'instar du Roi Salomon fils du Roi David en face des deux femmes qui se disputaient l'enfant :

Advint un jour la mésentente entre les ouvriers où chacun accusait l'autre pour justifier le vol entrepris dans le Centre de peur de perdre l'emploi. L'accusation arrive à Monsieur l'Abbé Dioli le responsable de son Centre qui avait le dernier mot sur la personne « x » accusée de vol régulier d'objets. Mais sa façon d'enquêter, de tirer conclusion et faire la correction apparaissait un peu impressionnante.

Primo, il demanda surprise à tous les travailleurs du Centre (Chefs des bureaux et manutentionnels) de confirmer leur engagement par écrit. C'est-à-dire, à chacun de rédiger sa propre demande sur place et dans l'immédiat. Ce n'est qu'à cela qu'on peut être réengagé.

Secundo, il enferma dans la salle tout le monde et lui se mettait à la porte non seulement pour surveiller, mais ramasser les demandes déjà écrites.

Parmi les ouvriers, l'un était absent dans la salle pour des raisons de la maladie, mais parmi les présents dans la salle était compté un ouvrier qui ne savait pas lire et écrire. Ce dernier, s'excusa de ne pas être à la hauteur de la rédaction de sa demande, mais l'Abbé Dioli insista. Il ne pouvait plus rien, épuisé tous ses arguments, il finissait aussi par forgé son écriture. Or, les excuses de ce dernier étaient sans fondement, il savait écrire, mais il craignait qu'il ne soit pas découvert si par hasard quelqu'un comparait son écriture à celle qui se trouvait sur les tracts d'accusation de ce voleur recherché.

Au finish, l'Abbé Prudence non seulement les demandes formulées surplace lui ont permis de surprendre psychologiquement ses ouvriers, mais surtout passé à la vérification et/ou à l'étude de comparaison des écritures qui se conformeront à l'une des lettres d'accusation sous forme de tract faite par l'un de ses ouvriers vis-à-vis de leur collègue « y » qu'il avait réceptionné et dans laquelle le renvoie définitif de ce fautif était demandé.

Curieusement, après la collecte des demandes et après la vérification, l'écriture de l'ouvrier qui faisait semblant de ne pas savoir lire et écrire était conforme à la lettre d'accusation faite à « y ». Directement et sans tergiverser, Monsieur l'Abbé Dioli appel l'auteur de la lettre dans son bureau avec plus de respect humaniste et avec humour il lui dit : *« Ee basi baba ! haustahili heshima !»,* c'est-à-dire, tu ne mérite pas du respect. Et lui dit dans l'instant de quitter l'enclos du Centre pour handicapé pour ne plus y revenir. Il ordonna à son secrétaire de rédiger une lettre de résiliation de contrat. Il appela tous ses collègues et lui présenta en disant : « Huyu hastahili heshima basi ! » encore pour dire, celui-ci ne mérite pas vraiment le respect et il en fut ainsi. Depuis ce temps là, les matériels du Centre n'étaient plus volé, car c'était lui l'auteur, mais qui se cachait aux dos des autres.

Mainte fois, il a démontré aux yeux de sa confrérie et de ses laïcs que lui ne pas un prêtre fermé dans l'enclos paroissial. Il a voulu tout simplement dire, que l'image de l'église ne pas seulement dans l'église, mais aussi à l'extérieur de l'église où l'on rencontre une autre réalité et où on est disposé à la rencontre des désespérés *« x »* et *« y »* à la recherche d'amour de Dieu. D'où pour un consacré, la mission d'affronter les défis dans sa dimension universelle et les attirer vers les bras de Jésus c'est de quitter son enclos et d'aller ailleurs à l'instar des Apôtres qui quittaient un village pour au autre.

Un père spirituel discret

La prudence de Dioli allait même dans sa manière de courtiser les âmes à faire les choix religieux pour la continuité de l'œuvre missionnaire.

L'éloge de ce genre de prudence fait dans ce récit tire sa référence sur le réserve de ne pas blesser quelqu'un volontairement, mais de chercher des voies et moyens vraiment polies par un langage courtois et simple facile à comprendre le message, tel témoigne Zawadi Mukupi Berthe, Sœur Xavérienne originaire de Kamituga :

« J'avais quatorze ans quand j'ai commencé à penser à la vie religieuse. A cette époque Don Alberto Dioli, prêtre du Diocèse de Ferrare était curé de Kamituga. Il nous parlait souvent de la vie consacrée. Son exemple m'avait beaucoup frappé : bien qu'enfant unique, il s'est donné au Seigneur et à nous, aider aussi par des parents qui l'avaient laissé libre de suivre sa propre vocation. Tout mon peuple n'a pas compris son choix, car dans notre tradition, l'enfant unique a le devoir de continuer la lignée. En moi, cependant, Don Dioli a suscité le désir de l'imiter. Je voulais faire la même chose : moi aussi, j'allais proclamer la Bonne nouvelle du Royaume de Dieu.

Depuis, j'ai pris mon engagements dans des groupes de jeunesse, de prière, d'évangélisation et de vocation. J'ai aussi proposé de finir mes études, de continuer ma préparation à la mission au service du Christ et des non-chrétiens.

J'ai rencontré les sœurs xavériennes dans ma paroisse de Kamituga où elles travaillaient dans la pastorale et dans le domaine de la santé. Leur engagement dans les différents groupes m'a donné la possibilité de me rencontrer tantôt l'un tantôt l'autre, et dans le dialogue et la compréhension, ma vie de foi grandi et mûri au fur et à mesure.

Ce qui m'a le plus frappé dans notre charisme missionnaire, c'est l'annonce de l'Evangile aux non-chrétiens, donner sa vie pour le Christ au service de ses frères et sœurs. Comme Marie qui s'empresse d'aider sa cousine Elisabeth en amenant Jésus »[5].

Cette manière différente de voir les choses et des pêchers les âmes à permis à Don Dioli de faire connaissance des difficultés des enfants handicapés protestants et d'autres confessions vers son Centre pour handicapé. Voilà pourquoi dans presque tous les textes de Nouveau Testament sont repris le verbe « aller, aller, aller » comme Jésus lui-même Le maître par excellence ensemble avec ses Apôtres étaient toujours en mouvement des sorties vers et jamais enfermé dans.

[5] A. Mulonda et P. Turco dans l'histoire de la Paroisse Saint François Xavier, jubilé de diamant 1948-2023, Rome, Ed. CDSR, 2023, p. 104

Don Alberto Dioli, Prêtre du Vatican II

Parfois tentés d'emprunter la voie de l'exclusion, François rappelle que «l'Église est la maison de tous, le cœur du chrétien est la maison de tous, sans exclusion». «Tout le monde, tout le monde. Inclusion», a-t-il insisté.

Le matin de ses séjours

Juste à la fin de son service de curé de la paroisse Saint Pie X à Ferarre en août 1968, et après 5 mois de stage de langue en Belgique chez les Missionnaires d'Afrique, Don Alberto Dioli termine et arrive au Congo en janvier 1969. Ce n'est qu'en juin qu'il atterrissait sur Kamituga l'une des grandes villes du pays ancestral Lega.

Ce dernier arrive dans la paroisse avec l'idée en tête de s'intéresser aux pauvres, de créer une église pauvre pour les pauvres dans laquelle il sera beau d'y vivre son paradis céleste sur la terre où il n'y aura plus ni la marginalisation ni la pauvreté ni la maladie de manière que tous seront réunis en une seule famille de Dieu en chantant, en louant et en adorant le Seul Dieu.

Or, sa présence dans le milieu, il se vit fortement touché par la présence des enfants poliomyélites en difficulté de marche et privation d'espérance de la miséricorde de Dieu, d'autres enfants épileptiques en souffrance de stabilité déclarés invalides par leur famille, pour apporter le message d'amour de Dieu envers cette classe sociale rejetée, il décida de construire dans cette brousse, un Centre de récupération et de réhabilitation des enfants et/ou des personnes vivant avec un handicape issus de la poliomyélite et d'autres maux liés aux plusieurs maladies, leur offrant la nourriture, les soins kinésithérapeutiques et faisant appel ponctuel à des chirurgiens pour des cas nécessiteux, tel est le cas du premier chirurgien italien qu'il a pu faire appel en 1979 pour permettre 25 enfants à se mettre débout et racheter leur espérance de vie en Jésus-Christ moteur de l'œuvre de guérison.

Le Diocèse de Ferrare l'inséparable ami de Kamituga

Comme Jésus disais à un mourant : prend ton lit et marche », il en est de même au Diocèse de Ferrari pour la résurrection de Kamituga. Cette vieille réalité christologique fait une révélation d'intimité relationnelle entre les Ferrariens et les Kamitugiens. Ces derniers non seulement souples à suppléer au développement tant spirituels que socioéconomiques du pays ancestral Lega, mais surtout lier par les vertus d'amour vrai envers les plus faibles de la planète par les biais de ses filles et fils du terroir. Le Don Francesco Forini en témoigne clairement en ce récit lorsqu'en 1987 il avait demandé à l'Evêque de l'époque de l'Eglise de Ferrare, Luigi Maverna de pouvoir partir en mission à Kamituga avec Don Dioli :

« Tu ne vas pas par concession, mais envoyé par notre Diocèse ». Naturellement, j'étais content, c'était ce que je voulais, c'est tout ce que je demandais. Ce pendant, je me demandais pour quoi il m'avait été accordé si facilement, j'étais encore curé et enseignant d'un diocèse en sous-effectif ».

Sur la compréhension de la vraie amitié sans hypocrisie

Don Francesco Forini à vite compris à travers la réponse facile de son Evêque sur sa demande d'accompagnement de son confrère Alberto Dioli à Kamituga, que ce genre d'amitié humblement établie entre son Diocèse et le pays ancestral Lega était profond et sincère où le besoin de l'entretenir et de la consolider étaient d'importance capitale.

C'est la raison pour laquelle Francesco Forini témoigne avoir lu dans des nombreuses lettres et articles, Don Alberto Dioli demande à un prêtre de Ferrare de l'assister. Il le demande personnellement, il se fait demander par des amis, il le motive en définissant Ferrare et Uvira comme des « églises sœurs (il parlait parfois de « jumelage » pour se faire comprendre de tous). Si la résistance des nombreux diocèses riches de ne pas accepter de livrer leurs prêtres en Afrique ne c'était pas manifesté, ce seulement grâce à la généreuse ouverture de Mgr Maverna qui a rendu possible par une terre largement travaillée par le souci de Don Alberto Dioli aussi pressant qu'intelligent.

C'est aussi la raison pour laquelle Alberto Dioli aimait souvent ce chant en swahili d'un compositeur anonyme, mais popularisé dans les églises locales du Grand Kivu depuis juillet 1978 tiré de 1 Corinthien 13 :1-7 :

> *« Bwana Yesu ame tuamuru, tueshimie mapendo.*
>
> *Ikiwa muna hubiri njema, bila mapendo ni bure. Ikiwa muna gawanya mali, bila mapendo ni bure.*
>
> *Ikiwa munajitoa mufe, bila mapendo ni bure.*
>
> *Mapendo ya kweli haya oni wivu, mapendo kamili ya navumilia, mapendo ya kweli haya hesabu mabaya »*[6].

[6] Traduction littérale : « Même si tu prêche bien et/ou tu évangélise bien, c'est nul sans l'amour. Le vrai amour ne jalouse pas, le vrai amour tolère, le vrai amour pardonne ».

Tel fut un devoir de Dioli de garantir aux personnes handicapées l'accès aux bâtiments, aux soins tant spirituels que médicaux appropriés, à l'éducation efficace et les amener à fonder légalement leur foyer pour surmonter les barrières physiques et les préjugés dans la société qui les vomissaient déjà.

Cet homme de Dieu est allé même au-delà de ses efforts pour promouvoir une spiritualité de communion, afin que chaque personne se sente membre d'un corps (Eglise du Christ), avec sa propre personnalité unique. Ce n'est qu'ainsi que chaque personne, avec ses limites et ses dons, se sentira encouragée à faire sa part pour le bien de l'ensemble du corps ecclésial et de la société, exhorte le Pape François. Il souhaite en suite que toutes les communautés chrétiennes soient «des lieux où l'appartenance et l'inclusion ne restent pas des mots à prononcer en certaines occasions», mais deviennent «un objectif de l'action pastorale ordinaire». C'est ainsi que «nous pouvons être crédibles lorsque nous proclamons que le Seigneur aime tout le monde, qu'il est le salut pour tous et qu'il invite tout le monde à la table de la vie, personne n'étant exclu» assure le Pape.

La démonstration ouverte de la profonde conviction de coopération entre les églises fait de Don Alberto Dioli un homme de Vatican II. est un miroir de l'enseignement de Saint Jean-de-la-Croix qui avait dit : la mesure à aimer Dieu, c'est aimer le prochain comme soi-même. Autrement-dit, l'amour en Dieu doit être taillé à la mesure que tu aime ton prochain. On dirait un véritable produit dudit Concile façonné en profondeur.

Ci-dessous l'extrait de la partition musicale : Le vrai amour.

Le champ d'amour et son bilan

L'œuvre de réparation des personnes vivants avec handicape par Don Dioli à pu surpasser la réputation même de l'Eglise locale et s'est étendu jusqu'à sauver les vies et les âmes de tous ceux qui étaient dans le besoin des soins au sein de tout le Diocèse d'Uvira protestant ou non, catholique ou pas, païen ou jamais.

Pour Dioli, l'handicape ne pas seulement physique, mais aussi intellectuel faute de ne pas savoir lire et écrire ; l'handicape est aussi psychologique faute de traumatisme causé par le divorce d'un mariage ou par manque de dote imposé à sa belle famille pour régulariser un mariage civile et religieux selon la loi congolaise et enfin, la pauvreté qui paralyse tout le système de la vie humaine est une véritable handicape négligeable, mais triplement meurtrière. Elle tue le physique, le moral et fait le transport de l'esprit vers la désespérance en Dieu au point que la personne pense que Dieu ne plus Amour, mais plutôt, méchant et injuste.

Plusieurs formations des filles analphabètes des coins différents de Diocèse d'Uvira ont été organisées par Dioli avec comme directeur Adalbert Lutombo. Tout comme un intérêt supérieur et un regard intéressé aux familles en menace des divorces avaient bénéficié de la formation de Dioli pour leurs consolidations.

Un nombre moins négligeable des jeunes du Diocèse d'Uvira couche confondue à bénéficié d'appui scolaire de Dioli.

Don Alberto Dioli,

Au clair de la lune

« Au-delà des personnes handicapées, « nous avons tous besoin de l'aide des autres pour avancer dans la vie, parce que nous sommes tous faibles dans le cœur, tous ».

Pape François

Le soir de la vie de Don Dioli

En 1988 sous son initiative, ce dernier créa le Centre Catéchétique « Sinaï » à Kamituga. Un projet animé, réalisé et soutenu par Don Francesco Forini et le Diocèse de Ferrare l'ami d'Uvira.

Rappelons que depuis l'arrivé de Dioli dans la Paroisse Saint François-Xavier de Kamituga, le souci des formations et/ou encadrement des laïcs dans divers domaines de l'église était au centre de ses préoccupations. Mais il les réalisés dans des cadres inappropriés et d'une manière désordonnées qu'il s'est défini finalement un cadre formel pouvant répondre à toutes ces formations de ce genre qu'il appela « Sinaï » le lieu saint où Moïse se rencontrait avec Dieu et où il a reçu les Dix Commandements qu'il s'imagine aussi que ce lieu sera saint où tous les laïcs qui y arrivent se rencontreront avec Dieu et y reviendront aussi comme Moïse avec un bagage essentiel pour l'évangélisation. Selon le témoignage de Kyamalinga Tobie sur l'histoire des Xavériens à Kamituga[7] :

> *« Ce Centre a formé beaucoup de catéchistes, des responsables de communautés chrétiennes, des lecteurs, des servants, des chantres, des*

[7] A. Mulonda et P. Turco dans l'histoire de la Paroisse Saint François Xavier, jubilé de diamant 1948-2023, Rome, Ed. CDSR, 2023, p. 107

formateurs de couples chrétiens, des jeunes témoins de l'évangile, des syndicalistes, des agents des droits de l'homme, des jeunes filles, des enseignants et professeurs ... bref, il a beaucoup fait pour former les laïcs formateurs ».

L'obtention du prix

A l'instar de tous les Apôtres vers le but pour obtenir le prix de la vocation céleste de Dieu en Jésus-Christ et comme tout pèlerin sur la terre, Don Alberto Dioli, le premier Fidei Donum arrivé dans le pays ancestral Lega, la loi de la nature en Décembre 1988, l'obligea de quitter ledit pays qu'il aima de tout son cœur et qu'il considérait comme son deuxième pays après l'Italie natale et Saint François-Xavier comme Ferrare sa bien aimée pour une malaria cérébrale qu'il y expira l'année suivante (27.11. 1989). Paix à son âme !

L'église locale du pays ancestral Lega en général et en particuliers les personnes vivants avec handicape on depuis ce jour là perdus le prêtre du Concile II. et ont vu stoppé d'un coup les génériques joviales suivants qui résonnaient sans payer même pas un rond :

« unastahili basi ![8] *»*

« huyu hastahili heshima ! [9]*»*

« Basi, inatosha ! »[10]

Concluons avec Saint Paul que le royaume de Dieu ne consiste pas en des questions de nourriture ou de boisson, il est justice, paix et joie dans l'Esprit Saint. Celui qui sert le Christ de cette manière là plaît à Dieu, et il est approuvé par les hommes. Recherchons donc, ce qui contribue à la paix, et ce qui nous associe les uns aux autres en vue de la même construction[11].

Invoquons donc le Seigneur d'ouvrir à tous ceux qui l'aiment, les richesses de son Esprit Saint, qu'il fasse grandir en eux sa propre vie en leur donnant par à la protection de la Foi reçue des Apôtres pendant ce temps de tribulations dans lesquelles la cruauté des hommes de Dieu prend de l'ampleur dans plusieurs pays du monde (viols, violences, pédophilie, débauche, homosexualité, cupidité, égoïsme, etc.) en les aidant à se comporter dans le monde en enfants de Dieu appelés à la liberté qu'ils répondent par la sainteté de leur vie à la mission prophétique de l'Eglise.

---

[8] Un mérité

[9] Un démérité

[10] Sa suffi donc !

[11] Rm 14, 17-19

C'est pour cela que l'Eglise doit soigner la formation des laïcs et du clergé sur le plan spirituel comme intellectuel. Car, il ne s'agit pas seulement d'occuper les postes et/ou de dire les messes, mais de participer qualitativement à la vie de l'Eglise n'étant ouvert au souffle de l'Esprit Saint.

Dieu qui ne cesse de créer l'univers, il a voulu toujours voulu associer l'homme à son ouvrage :

Bien heureux celui-ci qu'à travers son sacerdoce non seulement il a pu nourrir sa bergerie de la parole divine, mais aussi s'en est servi des œuvres pour être utile à ceux dont il avait la charge et servir à l'avènement de royaume de Dieu.

Table des matières

Bibliographie

Ouvrage :

Milonda et Tirco, Histoire de la Paroisse St François Xavier, Ed. CDSR, Rome 2023

Bible, Société biblique française ; 1982

Liens électroniques

www.la-foi.fr

www.vaticancatholic.com

Zenit, newsletter

Source orale :

Les Fidèles du Diocèse d'Uvira

Les bénéficiaires des Œuvres de Don Dioli

La pluralité des personnes confondues du pays ancestral Lega

« Un ange au pays ancestral Lega » paraît un ouvrage de son genre qui fait l'éloge de l'Amour de Dieu envers les hommes avec la personnification d'un clergé qui a pu donner les meilleurs de son sacerdoce pour l'Eglise et pour la réparation des personnes vivant avec handicape.

Don Alberto Dioli paraît un ange-humain que le Seigneur à voulu qu'a travers lui sa puissance de l'Evangile travaille le monde à la manière d'un ferment.

Cet ouvrage est essentiel à tous ceux qui ont à répondre à leur vocation chrétienne au milieu des occupations de ce monde, pour qu'ils cherchent toujours l'Esprit du Christ, pour qu'en accomplissant leurs tâchent d'hommes, ils travaillent d'avance à la consolidation de la Foi Catholique actuellement critiquée pour le statistique alarmant des abus commis par son clergé et qu'ils travaillent en suite à l'avènement du Royaume de Dieu.

Amani Mupenda Mubigalo série 1975, né à Kamituga (Sud-Kivu-RD Congo). Artiste Chercheur-autodidacte. Auteur d'un répertoire costaud des livres culturels, politiques et religieux au niveau international dont tout bénéfice obtenu de la vente de ces derniers sont dévolus au soutien des œuvres humanitaires de l'organisme *« Enfants en danger »* depuis le début de son carrière de plume.

Printed by Books on Demand GmbH, Norderstedt / Germany